ESPANDERE
I 7 passaggi fondamentali per far crescere il tuo business

Wayne Fox

Copyright © 2014 di Wayne Fox. Tutti i diritti riservati. Nessuna parte di questo libro può essere riprodotta in qualsiasi forma senza il permesso scritto dell'autore. I revisori possono citare brevi passaggi nelle recensioni.

Dichiarazione di non responsabilità e dichiarazione di non responsabilità FTC

Nessuna parte di questa pubblicazione può essere riprodotta o trasmessa in qualsiasi forma o con qualsiasi mezzo, meccanico o elettronico, comprese fotocopie o registrazioni, o mediante qualsiasi sistema di archiviazione e recupero di informazioni, o trasmessa via e-mail senza il permesso scritto dell'editore.

Nonostante siano stati fatti tutti i tentativi per verificare le informazioni fornite in questa pubblicazione, l'autore non si assume alcuna responsabilità per errori, omissioni o interpretazioni contrarie dell'argomento in essa contenuto.

Questo libro è solo a scopo di intrattenimento. Le opinioni espresse appartengono esclusivamente all'autore e non devono essere considerate come istruzioni o comandi di esperti. Il lettore è responsabile delle proprie azioni.

Il rispetto di tutte le leggi e i regolamenti applicabili, comprese le licenze professionali federali, statali e locali internazionali, le pratiche commerciali, la pubblicità e tutti gli altri aspetti dell'attività commerciale negli Stati Uniti, in Canada, nel Regno Unito o in qualsiasi altra giurisdizione è di esclusiva responsabilità del acquirente o lettore.

L'autore non si assume alcuna responsabilità di sorta per conto dell'acquirente o del lettore di questo materiale.

Qualsiasi offesa percepita nei confronti di un individuo o di un'organizzazione è puramente involontaria. A volte utilizzo link di affiliazione con il contenuto del libro. Ciò significa che effettuando un acquisto otterrò una commissione sulle vendite. Questo, tuttavia, non significa che la mia opinione sia in vendita. Tutti i link di affiliazione elencati nel libro rappresentano i servizi e i prodotti per i quali ho utilizzato personalmente e che ho trovato utili. Il lettore o l'acquirente dovrebbe fare le proprie ricerche prima di effettuare un acquisto online.

Contenuti

1. introduzione

2. Cos'hai già?

3. Qual è la tua strategia?

4. Cosa ci serve?

5. Conclusione

6. Circa l'autore

introduzione

Sapevi che il 90% delle startup fallisce entro i primi cinque anni?

Una realtà fondamentale nell'economia di oggi è che un'impresa deve crescere altrimenti morirà. Se la tua attività sta annaspando, devi considerare di cambiare ora! Inietta un po' di energia e vita in esso, o alla fine chiuderai la porta per l'ultima volta.

Il titolo di questo libro afferma che ti mostrerò i 7 passaggi fondamentali per far crescere il tuo business. Mentre ti spiegherò il libro, intraprenderemo un viaggio, esaminando queste 7 aree in modo molto più dettagliato e discutendo le opzioni a nostra disposizione una per una.

Ho scritto questo libro perché c'è stato un momento, all'inizio della mia carriera, in cui cercavo risposte che non erano disponibili a meno che non si scegliesse di assumere consulenti aziendali. Queste persone erano costose e per le piccole imprese si tratta di una spesa costosa di cui si può fare a meno. Quindi, senza i soldi per i consulenti, come puoi far avanzare la tua attività?

Tutto quello che so l'ho imparato per tentativi: vent'anni di esperienza diretta e circa cinquant'anni di conoscenze tramandate dall'esperienza dei miei genitori e nonni nel mondo del lavoro.

Le cose che funzionavano le ho riutilizzate, mentre le cose che non funzionavano le ho abbandonate o modificate finché non hanno funzionato.

In questo libro troverai un totale di 160 anni di esperienza imprenditoriale da parte di persone che l'hanno vissuta in modo intenso, hanno fatto crescere molteplici aziende da operatori locali di piccole e medie dimensioni a grandi operatori che operano a livello nazionale e anche internazionale, la maggior parte di loro cresciuto con un budget relativamente piccolo e coprendo più settori.

Avere questa esperienza trasmessa a un costo minimo è probabilmente uno dei migliori investimenti che tu abbia mai fatto per te e la tua azienda.

Cos'hai già?

Prima di poter iniziare qualsiasi fase di crescita della tua attività, è importante fare un passo indietro rispetto all'attività quotidiana e fare il punto su ciò che già possiedi.

Molte aziende cercano di crescere quando non sono realmente pronte. Forse il proprietario vince un contratto "una tantum", riesce a consegnarlo con successo, ma poi crede di poter duplicare quel successo su più progetti contemporaneamente. La crescita aziendale deve essere una crescita aziendale sostenibile. Tieni presente che quando parliamo di crescita aziendale sostenibile, non stiamo parlando di essere "verdi" o "ecologici" o di essere rispettosi dell'ambiente. Crescita aziendale sostenibile significa crescita su cui continuare a costruire, crescita che non scompare dopo aver completato una particolare vendita o un singolo progetto.

Ecco cos'è la crescita aziendale. Ma il tuo business può crescere solo quando sai cosa hai già e poi lo perfezioni.

Se ti prendi del tempo per osservare le attività commerciali locali nella tua zona, noterai che un piccolo numero di queste attività cresce di dimensioni.

Ciò è particolarmente vero per le imprese di servizi in quanto queste sono più evidenti a causa delle loro dimensioni, con i loro veicoli e il personale più visibili al grande pubblico. Questo fenomeno è probabilmente più evidente fuori città. Forse vedrai un'azienda da due a tre persone crescere fino a diventare un'azienda da otto a nove persone in tempi relativamente brevi. Da questo punto possono verificarsi tre cose, a seconda di come viene gestita l'azienda e di come è stata impostata per la crescita.

- L'azienda cresce e poi cessa l'attività per bancarotta
- In meno di due anni l'attività tornerà ai livelli precedenti
- L'attività continua a crescere.

L'evento più comune è il fallimento. Questo perché l'azienda non dispone delle risorse per garantirle una crescita sostenibile.

A seconda dell'esperienza degli imprenditori, spesso ottengono lavoro prima della crescita e quel lavoro potrebbe solo raggiungere il pareggio in termini di livelli di profitto, ma il proprietario non lo sa perché presume semplicemente che i livelli di prezzo siano corretti.

Man mano che l'azienda cresce, ha bisogno di ulteriori livelli di spese generali per mantenerla in funzione, i supervisori hanno bisogno di essere gestiti, i manager hanno bisogno di dirigere. Se hai investitori esterni, vogliono risorse aggiuntive per supervisionare i proprietari/l'alta dirigenza, il che si aggiunge ai costi di gestione dell'azienda e riduce ulteriormente i profitti.

Se tale crescita si basa sullo stesso livello di prezzo della pre-crescita, senza alcun investimento aggiuntivo per spese generali e supervisione extra, i proprietari lavoreranno 24 ore al giorno o l'azienda perderà denaro dal primo giorno della crescita. periodo.

Spesso, quando un'azienda si assicura investimenti esterni per la crescita, mette in campo il team necessario per raggiungere una crescita rapida. Questo va bene perché l'azienda è strutturata in modo da tenere il passo con tale crescita, ma dovrà raggiungere rapidamente tali obiettivi di crescita. Altrimenti perderà soldi per ogni giorno in cui non li raggiungerà. Da un lato questo è un modo rapido per far crescere il business se si tratta di un modello collaudato e i clienti sono pronti ad acquistare. Ma comporta anche un rischio più elevato.

Cosa succede se l'azienda non soddisfa le tue aspettative di crescita?

Gli investitori ti daranno più soldi?

Per quanto tempo puoi permetterti di andare avanti senza raggiungere i tuoi dati di crescita?

Se i tuoi dati di crescita si basano su una crescita incrementale in un periodo di tempo, ma sei in calo, diciamo, del 10% nel periodo 1, continuando allo stesso livello ti vedrai scendere del 20% o più entro il periodo 2. Se tu' Se hai creato un team senior per gestire le tue aspettative di crescita del periodo 2, ma sei in calo del 20% rispetto a tali obiettivi, i tuoi costi di gestione sono superiori del 20% (o più) rispetto a quanto ti aspettavi. Come compenserai questo deficit?

La tua risposta potrebbe essere che non recluterai i livelli di personale del periodo 2 se non hai raggiunto i tuoi obiettivi. Va tutto bene, ma in realtà recluterai queste persone con largo anticipo rispetto a quando ne avrai bisogno. Ci vuole tempo per trovare le persone giuste; il reclutamento di un middle manager medio impiega dai tre ai sei mesi, mentre un senior manager può impiegare fino a un anno.

Più si sale nella catena alimentare, più è difficile trovare candidati idonei e tutte queste persone devono lavorare con un periodo di preavviso presso i loro datori di lavoro esistenti. Ciò significa che per reclutare personale per il periodo 2, a seconda della durata di ciascun periodo, potresti cercare e intervistare i candidati dal primo giorno della tua fase di crescita.

Come coprirete i costi target mancati? Gli investitori ti daranno i fondi per coprire i "costi negativi" o semplicemente ridurranno le perdite e abbandoneranno l'attività? Un'opzione potrebbe essere quella di aggiungere costi aggiuntivi alla tua linea di servizi/prodotti, ma in che modo l'aggiunta del 20% ai prezzi esistenti ti aiuterebbe a raggiungere i tuoi obiettivi? È più probabile che potrebbe aumentare drasticamente il tuo deficit per il periodo attuale.

Un'alternativa a questo metodo di crescita rapida è rallentarlo un po' e affrontare il team man mano che cresce. Ciò può causare un senso di "lotta contro l'incendio"; man mano che l'azienda incontra problemi, sembra quasi che tu stia crescendo prima di reclutare le persone per gestire tale crescita. È anche un modo molto più lento per far crescere il business.

Come ho detto prima, bisogna tenere presente i tempi necessari per reclutare candidati idonei. Se non recluti finché non avrai un concreto bisogno di quella persona, è probabile che nel momento in cui quel candidato inizierà, avrai bisogno anche di qualcun altro. Ogni opzione può comportare grattacapi e frustrazioni.

La mia raccomandazione è di utilizzare una combinazione di entrambe le opzioni se disponi delle risorse finanziarie per farlo. Ciò potrebbe significare che recluti per qualsiasi ruolo, in particolare quello gestionale, un paio di mesi prima che siano necessari. Ciò significherà un costo per l'azienda, ma avrai quella persona pronta a partire invece di inseguirti sempre. Ho utilizzato personalmente questa opzione nelle aziende in precedenza.

Un'altra ragione del fallimento della crescita è che quando un'impresa cresce recluta nuove persone per soddisfare la domanda aggiuntiva.

Spesso le risorse per tale crescita non sono pianificate e quindi il reclutamento è l'ultima cosa da fare.

Ciò significa che il nuovo personale viene messo al lavoro il primo giorno con pochissima formazione su come funziona l'azienda. Molto probabilmente l'azienda ha poche o nessuna procedura di orientamento per il nuovo personale in atto. Quindi, quando le cose vanno male, i proprietari incolpano il nuovo personale e si chiedono perché non riescono a trovare nessuno bravo. Utilizzando una combinazione di formazione e tutoraggio, la maggior parte del personale dovrebbe svolgere il lavoro con successo.

Un punto da tenere a mente per ottenere questo risultato è formare il team esistente affinché diventi ambasciatore del modo giusto di fare le cose. Man mano che l'azienda cresce, autorizza il personale esistente a formare il nuovo personale su come fare le cose. Potresti già trovare alcune persone naturalmente forti nel settore.

Forse identificherai queste persone come quelle con forti opinioni su come vanno fatte le cose. Se lasciate sole, queste persone possono danneggiare l'azienda. Tuttavia, se li usi a tuo vantaggio e li addestri su come desideri eseguire i compiti, potresti scoprire di avere un leader molto forte e qualcuno che può insegnare efficacemente agli altri come deve essere eseguito un processo.

L'utilizzo di questo metodo di delega riduce l'input da parte dei proprietari, con solo un processo di audit del personale ogni pochi mesi, o magari per contratto. Saprai qual è la frequenza migliore per la tua attività e potrebbe essere un caso di tentativi ed errori a seconda di quanto ti ritrovi a intervenire per risolvere i problemi.

Tutte le imprese devono crescere. Pensala come un'auto. Guidi la tua macchina, hai un pedale GO e un pedale STOP. Se non stai premendo il pedale GO, stai rallentando.

Alla fine ti fermerai e a questo punto l'auto muore. Puoi decidere a quale velocità va la tua auto variando la pressione che eserciti sul pedale GO, ma la cosa più importante è che stai premendo il pedale GO.

Premendo il pedale GO, l'auto ha bisogno di carburante (ovvero delle tue risorse, dei tuoi clienti e dei tuoi investimenti), ma più veloce va, più terreno copre. È lo stesso nella tua attività. Continua a portare avanti l'attività, altrimenti si fermerà.

Per estendere ulteriormente questa metafora, immagina la tua attività come una corsa automobilistica. Le altre auto in pista sono i tuoi concorrenti. Se rallenti, ti supereranno e ti prenderanno più quote di mercato. C'è solo un numero limitato di clienti che puoi avere senza crescere.

Se potessi partecipare a più gare, potresti andare lentamente in tutte, ma almeno acquisiresti slancio in ciascuna di esse. Continua a portare avanti la tua attività e guadagna più terreno rispetto ai tuoi concorrenti.

Far crescere un'azienda può significare aumentare le vendite/profitti oppure potrebbe significare aumentare i canali di vendita, le sedi, il numero del personale o nuovi prodotti o servizi.

La crescita non deve essere necessariamente la crescita rapida e dura delle vendite che generalmente consideriamo la crescita del business. Potrebbe semplicemente essere il processo di evoluzione. Quando parliamo di persone che crescono come parte di un processo di apprendimento non stiamo parlando di crescita fisica, come nel caso di diventare più alti o più grassi. Stiamo parlando di crescere o evolversi internamente.

Molti consulenti aziendali parlano di un'azienda che necessita di sistemi in atto per poter crescere. Questa è una parte importante della crescita di un'azienda, ma costituisce solo una parte del processo di crescita. Considera un'azienda con ogni sistema immaginabile, ma zero canali di vendita. Ho visto ciò accadere ad alcune aziende.

Immagina un piccolo negozio in una strada principale. È difficile per un'azienda crescere in termini di dimensioni fisiche senza investimenti importanti (espandendosi nel negozio accanto o aggiungendo più piani).

Tale crescita comporta fattori di rischio estremamente elevati poiché l'azienda deve raddoppiare il volume delle vendite da un giorno all'altro solo per pagare quello spazio extra. Senza considerare le opportunità di crescita virtuale online per un'attività di vendita al dettaglio, è ancora possibile che l'azienda cresca senza affittare spazio aggiuntivo, cosa di cui parleremo nei capitoli successivi.

Allora, cosa hai già? Esaminiamo gli elementi essenziali.

Il modello di business

- Qual è il tuo modello di business?
- Come fa l'azienda a raggiungere il suo cliente?
- Come guadagna l'azienda?

Consideriamo come esempio il tipico modello di business di una panetteria. Forse il panificio generalmente cuoce il prodotto e poi lo consegna a un certo numero di rivenditori, o forse anche a piccoli supermercati. Potrebbe guadagnare da ogni unità venduta dai rivenditori, oppure potrebbe agire esclusivamente come fornitore per il rivenditore (come un grossista) ed essere pagato alla consegna.

Il tuo modello di business abbraccia l'intero processo aziendale dall'inizio alla fine. Non deve essere unico; ci sono molte attività imitative, in particolare nel settore dei servizi, e va bene. Non ha senso reinventare la ruota se funziona.

In sintesi, per conoscere o perfezionare il tuo modello di business, devi sapere:

- Chi sono i tuoi clienti?
- Come si crea valore per questi clienti?
- Come raggiungere questi clienti sia in termini di consegna che di vendite?
- Come gestisci il cliente?
- Come guadagni e quali sono i tuoi flussi di entrate?
- Di quali risorse hai bisogno?

- Quando hai bisogno di quelle risorse?
- Dove hai bisogno di quelle risorse?
- Di quali sistemi e processi avete bisogno per eseguire tale processo in modo efficiente?
- Come risorse la tua attività?
- Esternalizzate, partner o impiegare direttamente il personale?
- Quali sono i costi diretti e indiretti?
- Qual è il tuo pareggiare punto?
- Quali margini di profitto realizzi e quanto su ciascun prodotto/servizio?
- Quanto puoi permetterti di ridurre i tuoi ricarichi in caso di guerra dei prezzi che inizia con un concorrente?

Il perché

Perché hai avviato la tua attività?

Perché un cliente dovrebbe acquistare da te invece che da un concorrente?

Ciò potrebbe avere un significato più profondo del semplice servire un cliente ed essere pagato per farlo. Forse hai intenzione di cambiare il settore in meglio.

Considera le tue passioni. Se hai letto il mio primo libro della serie – *'SEED: I 7 passi fondamentali per avviare la propria attività'*, saprai che parlo di avviare un'attività basata sulle tue passioni. Potrei aggiungere che quelle passioni dovrebbero essere qualcosa che fa soldi e dovresti posizionare l'attività in modo tale da poter godere della tua passione, ma comunque guadagnare.

Anche qui vale lo stesso consiglio. Se non sei appassionato della tua attività o delle ragioni per farla, dovresti cambiarla o cambiare le ragioni per farlo. Ti ritroverai con un'azienda che ha una vera missione, che puoi consentire al tuo personale di supportare e accettare quotidianamente.

Potresti seguire le regole di questo libro e far crescere la tua attività dieci volte la sua dimensione attuale. Ma senza avere la passione o un "perché", probabilmente ti sentirai vuoto.

Mi sono trovato in questa situazione anch'io e conosco anche alcuni altri imprenditori che hanno avuto la stessa situazione. Personalmente mi sono sentito perso e mi mancava qualcosa nella mia vita. Senza passione, non ti senti mai veramente completo, e molti uomini d'affari spesso si sentono allo stesso modo, spesso escono per acquistare oggetti materiali nella speranza di riempire quel "vuoto" interiore, ma ovviamente non riescono mai a trovare quel pezzo mancante.

Come ultimo punto di questa sezione, potresti anche collegare il tuo "perché" all'USP (punto di vendita unico) della tua attività. Questa è proprio la cosa che spinge un cliente a scegliere te rispetto ai tuoi rivali.

I canali di vendita

Come raggiungi attualmente i tuoi clienti target per ottenere vendite?

Quali tecniche di marketing usi?

Per questa sezione, voglio che tu esamini il registro delle vendite dei dodici mesi precedenti. Cerca di capire da dove proviene ogni cliente e come è venuto a conoscenza della tua attività. Se la tua attività è basata sui servizi, dovrebbe essere abbastanza semplice da fare. Potrebbe essere un po' più difficile se la tua attività è un rivenditore di High Street; potresti dover fare un po' di ricerca o iniziare ora a monitorare la provenienza dei clienti per i prossimi dodici mesi circa.

La tua ricerca potrebbe portarti a una scoperta sorprendente. Forse i tuoi clienti ti hanno trovato tramite una campagna di posta diretta, l'evento di raccolta fondi di beneficenza locale che hai sponsorizzato o forse è stato attraverso il tuo sito web tramite un annuncio pay-per-click su Google.

Elencarli tutti. Se possibile a lato di ognuno, identificare il costo di ciascuno. Ad esempio, supponiamo che tu abbia esposto a una fiera. Il costo era di $ 500 per la mostra, $ 300 per i costi del personale e $ 200 per le brochure. Il costo totale per esporre, quindi, è stato di $ 1000, per il quale hai guadagnato 10 clienti dall'evento e forse 100 contatti. Puoi suddividerlo in un costo di $ 100 per cliente e $ 10 per lead.

In questa fase assicurati di includere eventuali costi diretti di manodopera e altre spese sostenute in ogni punto dei tuoi calcoli. Potrebbe calcolare che hai inviato direttamente per posta 2000 contatti, con un costo materiale molto basso, ma il tuo personale ha impiegato 200 ore per farlo. Al contrario, una fiera aveva un costo "esterno" elevato, ma costi "interni" molto bassi.

Attribuendo valore all'elemento lavoro ti dà un quadro più chiaro del modo migliore per far crescere la tua attività.

Vale la pena notare a questo punto che anche se un lead non ha ancora prodotto una vendita, non dovrebbe essere ignorato. Come parte del monitoraggio dei tuoi lead, ti consigliamo di vedere le percentuali di successo mensili, prendendo il comando dall'introduzione fino alla vendita finale, e dovrai sapere qual è il lasso di tempo medio per ciascuna attività per convertire il lead in una vendita. Se durante il processo sono previste attività di follow-up, assicurati di includere anche i costi nella tua analisi.

Attività diverse possono avere costi diversi per lead. Ne parleremo più avanti nel libro.

Successivamente dobbiamo esaminare tutti i canali di vendita esistenti. Un canale di vendita è il modo in cui raggiungi il cliente.

Se inserisci un annuncio nelle pagine gialle, quello è il tuo canale di vendita.

Se qualcuno introduce regolarmente nuovi clienti nella tua attività, quello è il tuo canale di vendita. Forse hai diversi partner o presentatori? Forse qualcuno ufficiosamente si riferisce a molti affari a modo tuo. Se possibile, elencali tutti, insieme ai risultati misurati, ai costi sostenuti per ciascuno di essi, al numero di lead, al numero di clienti garantiti, ecc. Fondamentalmente a questo punto devi raccogliere quanti più dati possibili per l'analisi in modo da avere le informazioni disponibili in seguito.

Il gruppo

Se leggi il mio primo libro di questa serie, sai quanto sia importante conoscere i propri punti di forza. È altrettanto importante conoscere i punti di forza e di debolezza della tua squadra.

Man mano che fai crescere la tua attività, l'enfasi passerà meno a te personalmente e più al tuo team. Non sarai in grado di far crescere la tua attività se fa affidamento sulla tua presenza, quindi devi ridurre la tua presenza non appena possibile.

Cerca di rimuoverti gradualmente. Inizialmente, rimuoviti dai ruoli pratici, ad esempio il servizio quotidiano o la consegna del prodotto. In un'impresa di costruzioni, questo ruolo pratico sarebbe quello del costruttore, del falegname, dell'operaio, ecc. In un'attività alberghiera, sarebbe lo chef, la cameriera, l'addetto alla reception e il personale del ristorante. I ruoli pratici sono i ruoli fondamentali, quelli per cui l'azienda viene pagata.

Per rimuoverti, hai bisogno di un buon personale che sappia cosa fare e sappia come vuoi che sia fatto.

Un avvertimento qui: se stai leggendo il mio libro come dipendente dirigente con l'ambizione di dimostrare il tuo valore e far crescere l'attività del tuo datore di lavoro, rimuoverti dall'attività potrebbe significare conseguenze disastrose per te in futuro per ovvie ragioni. L'attività del tuo datore di lavoro potrebbe registrare una crescita sostanziale. A quel punto probabilmente chiederai un aumento di stipendio, o un bonus per tutto il tuo duro lavoro. Prima di farlo, considera questo: il tuo datore di lavoro ora ha un'attività perfettamente funzionante, una crescita che viene notata da tutti intorno, ma non più necessaria per il tuo ruolo, poiché ti sei sostanzialmente allontanato dall'attività.

Riceverai un aumento di stipendio? Oppure adesso il tuo stipendio verrà interpretato come una spesa extra per l'azienda? Il mio consiglio a te come dipendente è di trasmettere questo libro al tuo datore di lavoro o di avviare un'attività in proprio. Se scegli il primo, posizionarti come futuro leader del business è la strategia migliore. Se scegli quest'ultimo, il mio primo libro della serie ti aiuterà a iniziare.

Dopo aver rimosso te stesso dal ruolo pratico, ti rimuoverai dalla funzione di vendita se sei coinvolto in questo, presupponendo che la fornitura del servizio e il processo di vendita vengano eseguiti separatamente. Per fare ciò avrai bisogno di buoni canali di vendita. Ciò può comportare un buon team di vendita. Oppure, ad esempio, un hotel può coinvolgere agenzie di prenotazione e sistemi di prenotazione online che eliminano la necessità di effettuare prenotazioni alberghiere in loco. Utilizzando le tecnologie o i partner giusti, puoi ridurre al minimo il tuo tempo, liberandoti e concentrandoti su altre aree dell'attività.

Infine, ti allontanerai dalla gestione quotidiana dell'attività, sia nella supervisione delle attività che nella gestione più ampia. Man mano che l'azienda cresce, è possibile assumere persone più esperte in ruoli di supervisione/middle management/senior management. Realisticamente, queste posizioni possono probabilmente svolgere la maggior parte dei ruoli meglio di te in ogni caso.

Ricorda, il tuo team è la forza della tua azienda e ci sono specialisti disponibili per ogni tipo di ruolo.

Potresti essere il fondatore dell'azienda, ma ciò non ti rende automaticamente migliore nello svolgere un compito particolare rispetto a qualcuno che lo svolge ogni giorno della sua carriera da 40 anni ed è potenzialmente uno dei migliori nel tuo settore. Se conosci i tuoi punti di forza, puoi costruire la tua squadra attorno a te per integrare i tuoi punti di forza.

Elenca ciascun membro del team individualmente in base al nome, alla posizione, alle qualifiche, ai ruoli, all'esperienza e ai ruoli per cui li ritieni più adatti. Successivamente chiedi loro di sostenere il test di profilazione della personalità che ti ho mostrato nel mio primo libro. È gratuito e li aiuterà, oltre a comprendere i loro punti di forza e di debolezza.

Per fare ciò, vai su www.geniusu.com. Il test è gratuito e ci vorranno solo 2 minuti per completarlo.

A questo punto, se non l'hai già fatto, ti consiglio di leggere il mio primo libro della serie. Ti aiuterà a comprendere la tua personalità e ti fornirà gli strumenti e la tua strategia personale per sviluppare la tua attività, insieme al ruolo chiave che dovresti svolgere nello sviluppo dell'attività in futuro.

Parleremo di cosa significano i risultati per la tua squadra più avanti nel libro, ma per il momento prendi nota dei risultati per ciascuno dei membri della tua squadra. Potresti incoraggiare ciascuno dei tuoi dipendenti a guardare anche i video di accompagnamento.

Se lavori con diversi partner e ti affidi a loro per determinate aree della tua attività, chiedi anche a loro di sostenere il test. È importante comprendere l'intera squadra e come potrebbero inserirsi al suo interno. La tua attività sarà forte quanto il membro più debole della tua squadra.

Se dedichi tempo e denaro allo sviluppo del tuo team interno secondo standard elevati, ma il tuo partner e il team esterno non fanno lo stesso, ciò potrebbe essere dannoso per il tuo successo aziendale. Dopotutto, se questi partner esterni facessero effettivamente parte del tuo staff interno, investiresti in loro per portarli allo stesso standard di tutti gli altri.

I sistemi

Che sistemi hai già?

Sono in atto procedure scritte?

Come fa il personale a sapere come svolgere un compito particolare e a farlo bene la prima volta, secondo le perfette aspettative tue e del tuo cliente?

Come revisionate, testate e verificate i sistemi o le procedure esistenti?

Se non disponi di nulla per controllare il tuo processo, puoi davvero incolpare il tuo staff quando sbaglia?

L'elemento umano è la principale causa di fallimento aziendale. Non esistono due persone che pensano o interpretano allo stesso modo. Il "perfetto" di una persona è il "mediocre" di un'altra persona. Spiega le cose in modo molto dettagliato, scrivile, registrale su video, spiegale di nuovo, esercitale più e più volte, testale e poi migliora eventuali aree di debolezza o incomprensioni. Ecco come funziona un sistema. Inizierai in piccolo e ti espanderai verso l'esterno attraverso il sistema fino a coprire ogni parte della tua attività.

Molte persone associano i sistemi al software o alla tecnologia IT. Questa è un'associazione sbagliata. La tecnologia non fa altro che rendere il vostro sistema e le vostre procedure più efficienti. È del tutto possibile costruire i propri sistemi attorno alla tecnologia e al software esistenti, ma anche se si dispone di software come parte dei propri sistemi, l'elemento umano deve comunque utilizzare quella tecnologia in modo efficace altrimenti sarà inefficace e una costosa perdita di tempo e denaro. Garantire che esistano anche procedure per l'utilizzo della tecnologia.

Il modo migliore per sapere cosa hai già è pensare a ogni attività che svolgi, elencarle in ordine numerico e poi vedere se disponi di una procedura scritta e testata per coprire ciascuna attività o processo.

Un'altra opzione è cercare aree comuni di reclamo o aree problematiche nell'azienda. Si tratta normalmente di aree in cui trascorri la maggior parte del tuo tempo a combattere gli incendi o a risolvere i problemi. Possono anche trattarsi di aree di cui il personale e/o i clienti si lamentano.

Man mano che avanzi nell'attività risolvendo ciascuno di questi problemi, scoprirai che la tua vita diventerà più semplice, con il tuo personale e i tuoi clienti che saranno sempre più felici con te.

In questo modo, capirai meglio cosa è necessario fare per migliorare il business in seguito, fornendoti un elenco di attività da fare a cui potrai quindi dedicare il tuo tempo. Questo è ciò che viene definito lavoro *SU* l'attività, non funziona *In* il business.

Il miglioramento dei sistemi è un processo continuo di test, misurazione e miglioramento; non preoccuparti se non sarà perfetto in questa fase.

Qual è la tua strategia?

Qual è la tua strategia per la crescita?

Nel caso in cui non te ne fossi reso conto leggendo il libro finora, per ottenere una crescita sostenibile nella tua attività, hai bisogno di una serie di tessere nel puzzle della crescita, ma è necessario che si verifichino tutte contemporaneamente, mentre lavori in allineamento tra loro. Immagina l'immagine di un clown del circo che fa girare i piatti in aria!

Ok, ecco i pezzi del puzzle della crescita; avrai bisogno:

Visione: Dove vuoi andare?

Strategia: Come lo otterrai?

Un buon modello di business: È scalabile e genera guadagni su larga scala?

Un motivo: Perché lo fai?

Canali di vendita multipli: Assistentenon fare affidamento su una persona per nutrirti.

Right Tsuo, Right Smangia: Noinon stiamo giocando alle sedie qui

IL Right Ssistemi: Coerenza ogni volta

Forte Flusso di cassa: La liquidità è ossigeno per l'azienda

Investimento: Sia il lato finanziario che il tuo cuore e la tua anima hanno investito nell'attività. Se puoi avere altri nella tua squadra che investono il loro cuore e la loro anima nell'attività, sarai un vincitore.

Visione

Sai quanto vorresti far crescere la tua attività?

È un obiettivo raggiungibile e realistico?

È possibile che un'azienda composta da due persone diventi un'azienda globale? Sì, è realizzabile, ma hai tutti i pezzi del tuo puzzle di crescita per realizzarlo? Trasformare un'azienda composta da due persone in un'azienda globale significherà apportare cambiamenti significativi sia al tuo precedente modello di business, sia al tuo modo di pensare. I fondatori di Google si sono avviati con l'intenzione di essere sempre e solo se stessi o hanno iniziato con l'intenzione di impiegare migliaia di dipendenti in tutto il mondo?

Questa è la tua visione. Dipingi un'immagine di come vedi il futuro quando hai realizzato la tua visione. Come sarà davvero il futuro? Come sarà? Immaginatelo in ogni dettaglio. Il modo più semplice per farlo è pensare a come vorresti che fosse la tua vita tra dieci anni, quindi pensare a come sarebbe la tua attività per creare quella vita per te. Questa fase consiste nell'entrare nella tua macchina del tempo e immaginare di vivere la tua vita tra dieci anni.

Se vuoi che sia un business a livello nazionale, non limitarti a dire: "Voglio che sia a livello nazionale". Sii specifico. La questione non è se la tua visione è realizzabile o meno. Si tratta di essere in grado di misurare i progressi. Se puoi misurarlo, è molto più probabile che tu lo raggiunga. Ad esempio, potresti dire: "Voglio avere venti dipendenti in ogni stato". Ma puoi essere più specifico dicendo: "Voglio dieci dipendenti a New York City, cinque dipendenti a Syracuse e cinque dipendenti a Buffalo". quindi seguire questa pratica per ciascuno stato.

Quanto più specifico puoi essere nella tua visione, tanto più facile sarà raggiungere i tuoi obiettivi. Non devono essere solo numeri del personale. Può anche essere il volume delle vendite, la presenza, il livello di profitto, i numeri dei veicoli, i contratti, i negozi al dettaglio, i numeri dei clienti, i lead, ecc.

Un altro esempio potrebbe essere l'uso dei dati di vendita. Invece di dire "Voglio 2.000 clienti", descrivi come è fatto. Ad esempio, potresti avere 1.200 clienti a New York City, 300 a Syracuse e 500 a Buffalo, oppure potresti suddividerli ulteriormente in ciascuno stato. Facendo un ulteriore passo avanti, se puoi accedere ai dati del codice postale, puoi suddividere i numeri per codice postale. Se vuoi assicurarti altri 50 clienti a Buffalo, suddividi questa città in codici postali. Ci sono 20 codici postali a Buffalo, il che significa che sono necessari solo poco più di 2 clienti in ciascun codice postale. Questo obiettivo non sembra molto più facile da raggiungere? Finché puoi misurarlo, probabilmente puoi raggiungerlo.

Il passo finale nel processo di Visione è quello di scomporre la tua visione decennale a lungo termine e chiederti come potrebbe apparire nei diversi punti di quella sequenza temporale. Personalmente preferisco avere una visione di dieci anni, suddivisa in una visione di tre anni e poi in una visione di un anno. Quando entri nella fase successiva, è meglio fare un ulteriore passo e considerare come sarà alla fine del trimestre successivo: questo ti dà una visione di come sarà la vita tra tre mesi. Spero che ora tu possa vedere un percorso chiaro su come la tua vita si baserà su ogni visione fino a raggiungere quel punto finale.

La probabilità è che non riuscirai a raggiungere la tua visione in questi tempi, potrebbe volerci un po' più di tempo, ma seguendo questo percorso, fisserai l'intenzione di come vuoi che siano le cose e, guardando indietro tra dieci anni, riconoscerai un enorme cambiamento nella tua vita, rispetto a come erano le cose "allora".

Come lo raggiungerai?

Questa è la sezione "come". Sai cosa vuoi ottenere. Ora hai bisogno di una mappa stradale per arrivarci.

Il modo migliore per iniziare questo processo è immaginare di averlo già raggiunto e suddividere i tuoi passaggi in compiti molto piccoli. Immagina te stesso nel futuro guardando indietro. Quali sono state le cose fondamentali che hanno avuto un impatto enorme sul percorso che ti ha portato a raggiungere il tuo obiettivo oggi? Un buon esercizio per questo è pensare a qualcosa che hai già ottenuto nella tua vita, poi guardare indietro e pensare alle 3 o 4 cose che hai fatto per raggiungere quelle cose.

Esempio

Consideriamo il tuo obiettivo dieci anni fa, che avrebbe potuto essere quello di avviare un'attività in proprio. Probabilmente ci sono stati alcuni traguardi di alto livello che hai raggiunto lungo il percorso che ti hanno portato dove sei oggi. Potrebbero essere:

1. Hai acquisito una qualifica nel tipo di servizio fornito dall'azienda
2. Hai acquisito un particolare tipo di esperienza lavorando per un ex datore di lavoro
3. Hai costruito una relazione con un cliente chiave che ti ha permesso di iniziare
4. Sei arrivato ad avere i tuoi primi dieci clienti
5. Hai assunto il tuo primo dipendente

6. Hai ottenuto l'accreditamento per il tuo servizio dall'associazione di settore
7. Ti sei assicurato il tuo primo contratto importante e necessitavi di 3 dipendenti a tempo pieno

Con ciascuno di questi sette traguardi principali, sai che avevi molti compiti più piccoli da completare per raggiungere ogni traguardo.

Dal lavoro svolto nei capitoli precedenti (raccolta di dati sui clienti, registrazione dei tempi del processo di vendita, ecc.), hai una comprensione più chiara di ciò che devi fare. Replica queste azioni precedenti in modo pianificato per aiutarti a stabilire piccoli traguardi. Suddividendolo in questi piccoli passaggi, puoi vedere dove si trovano le tappe fondamentali su una sequenza temporale e quali processi dipendono da altre attività.

Se sei già stato coinvolto nella gestione di progetti in precedenza, questo processo dovrebbe essere abbastanza semplice poiché segue gli stessi principi. Se hai altro personale ed è possibile utilizzare il loro lavoro quotidiano come parte del raggiungimento dei tuoi traguardi, raggiungerai la tua visione molto più velocemente. Anche il tuo team si sentirà autorizzato a far parte del processo e della storia della tua azienda. Alle persone piace sentirsi parte di un viaggio, quindi sfruttalo a tuo vantaggio.

Consideriamo un esempio per un'azienda di servizi:

Impresa esistente: una piccola impresa di servizi che impiega due membri dello staff più il proprietario, che opera con tre veicoli di servizio.

Visione triennale: avere 100 clienti in ciascuna delle tre nuove città aggiuntive. Questo può essere suddiviso nell'apertura di una nuova città ogni anno fino a raggiungere l'obiettivo di tre anni.

Pietre miliari:

Il primo passo è suddividerlo in città. Vogliamo concentrarci prima su una singola città, supponendo di non avere le risorse per andare in altre città contemporaneamente.

Cosa dovremmo fare per concentrarci sull'ingresso nella città prescelta? Personalmente, sceglierei la città vicina più vicina perché sarà più facile ed economico reperire risorse. Non otterrai molti affari dall'oggi al domani, quindi dovrai attingere alle risorse dal personale esistente.

Chi è il tuo cliente? Identifica tutti i possibili clienti, identifica le nicchie se possibile e fai conoscere a tutti i tuoi piani. Informa anche i tuoi clienti esistenti dei tuoi piani. Potresti scoprire che i clienti esistenti sono presenti in aree vicine o forse conoscono persone nel loro settore e potrebbero indirizzarli a te. Il prossimo traguardo dovrebbe essere quello di assicurarti il tuo primo contratto nella nuova area.

Successivamente ti consigliamo di aumentare i tuoi canali di vendita in quell'area. Ricorda, stai utilizzando le risorse per la nuova sede dalle tue operazioni esistenti, quindi potresti dover investire in uno o due membri dello staff in più, altrimenti rischierai di perdere i clienti esistenti. La tua strategia dovrebbe includere un piano per mantenere e far crescere la tua posizione esistente, altrimenti finirai per scambiare la tua posizione esistente con una nuova posizione.

Il prossimo traguardo sarà quello di garantire i tuoi primi 10 clienti (o qualunque criterio di misurazione tu scelga di utilizzare).

Continua a crescere nuovo Cnumeri di clienti come questo. Il tuo prossimo traguardo sarà quello di garantire i tuoi primi 30 clienti.

Quando avrai raggiunto il traguardo della conquista della prima città, conoscerai il processo che hai intrapreso e dovresti essere in grado di copiarlo o modificarlo per migliorarlo mentre sviluppi la tua seconda nuova città. Durante questo processo, assicurati sempre di fidelizzare i clienti esistenti e di continuare a far crescere le tue operazioni esistenti, sia nella sede originale, sia nella tua prima nuova città.

Ricorda: un business che non cresce, è un business che sta morendo.

Un modo per gestire la crescita è reclutare personale adeguato per concentrarsi sull'attività esistente o sulla crescita dell'azienda. In ogni caso, il proprietario dell'azienda dovrebbe concentrarsi sull'altra parte dell'attività, che si tratti della crescita o dell'attività esistente. In questo modo la tua mente sarà libera di concentrarsi solo su un'area del business e, man mano che cresce, scoprirai che se ti sforzi in troppi modi, alla fine qualcosa si spezzerà e potresti perdere tutto.

È qui che è utile conoscere il tuo tipo di personalità. Guardare tornando al sistema di profilazione, iF tuo il punto di forza della personalità è il profilo Dynamo o Blaze, dovresti concentrarti sul progetto di crescita. Se hai il profilo Tempo o Steel, dovresti concentrarti sulla tua attività esistente e far sì che qualcun altro nel tuo team (preferibilmente qualcuno che abbia un profilo Dynamo o Blaze) si concentri sul progetto di crescita.

Dopo aver stabilito le tappe fondamentali per raggiungere la tua visione, devi stabilire tempistiche realizzabili e realistiche per ciascuna città. Normalmente divido la sezione dettagliata in mesi e la sezione più ampia in trimestri o anni. Lavora con il tuo team, utilizzando tutti i tipi di personalità per elaborare tempistiche realistiche, utilizzando un 'Successo ottimista' 'Successo pessimistico', E 'Media Ssuccesso' scenario tag come framework.

In questo esempio, farai in modo che ciascuno dei membri del tuo team determini quanto tempo ritiene che ciascun obiettivo impiegherà per raggiungere, utilizzando ciascuno dei tre tag elencati sopra. Annotateli in una tabella sotto ogni titolo. Quindi fare la media dei tempi per ciascuno. Ad esempio, il successo ottimistico potrebbe avere 4 settimane, 5 settimane, 6 settimane, nel qual caso dirai tuo la tempistica più ottimistica è di circa 5 settimane. Fai lo stesso per il successo pessimistico.

Per UNmedia SPer avere successo, prendi i risultati delle stime ottimistiche e pessimistiche e prendi la media tra le due. Questa è la tempistica su cui dovresti basare il tuo piano.

È probabile che man mano che la tua attività cresce, le cose si svilupperanno molto più velocemente delle tue aspettative iniziali perché alcune attività dovrebbero iniziare a diventare più naturali per te e il tuo team. Quello che ho visto accadere nelle nostre attività è che le cose iniziano lentamente e tendono a prendere slancio, un po' come un effetto valanga, quindi per cominciare, non sembra che tu stia facendo molti progressi, ma col passare del tempo, tutto sembra semplicemente scattare e riunirsi.

Quando conosciamo le tappe fondamentali e le tempistiche, possiamo pianificare adeguatamente il modo in cui raggiungeremo ciascuno di essi. Anche in questo caso, suddividi semplicemente ogni traguardo in piccoli compiti e, se disponi di personale che puoi dedicare all'attività, assegna la responsabilità di tali attività ai membri del team e lascia che si assumano la responsabilità dell'attività.

In linea con i tuoi traguardi, fissa obiettivi di vendita e di profitto per ogni traguardo. Ricorda che se riesci a misurare rispetto ai tuoi criteri di successo, sarai in grado di raggiungere i tuoi obiettivi molto più rapidamente.

Strategia

Esistono diversi percorsi che puoi intraprendere per realizzare la tua visione. Questi potrebbero includere uno dei seguenti:

- Aumenta le vendite nel tuo esistente offerte di prodotti
- Aggiungi una nuova linea di servizi/prodotti gratuiti
- Aumentare i profitti piuttosto che le vendite
- Acquista un'attività
- Acquista un franchising
- Licenza

Parleremo di ciascuno individualmente.

Aumenta le vendite nel tuo esistente offerte di prodotti

- Attira più clienti locali

- Vendi a tutti i lead precedenti
- Migliora le conversioni di vendita
- Apri una nuova posizione
- Aumentare i canali di vendita

Utilizzando i dati misurati in precedenza, saprai chi sono i tuoi clienti e da dove provengono. Se sai, ad esempio, che poiché ricevi il 40% delle tue richieste dalla pubblicità su una determinata rivista, dovresti aumentare la pubblicità su questa rivista o su riviste simili.

Tuttavia, misurando ulteriormente si scopre che solo l'1% di queste richieste si traduce in una vendita. Con questo tipo di analisi, puoi supporre che questa pubblicità sia uno spreco di tempo e denaro, che questo pubblico non sia adatto alla tua attività o che stai trasmettendo il messaggio sbagliato nella pubblicità, portando a una bassa conversione delle vendite aliquote.

Aggiungi una nuova linea di servizi/prodotti gratuiti
- Identifica ciò che i rivali vendono e tu no
- Quali competenze ha il tuo team?

- Quale prodotto/servizio simile stanno acquistando i tuoi clienti?
- Acquisteranno da te se aggiungi il prodotto/servizio alla tua offerta esistente?

Questa è stata una strategia che ho utilizzato molto nelle nostre attività. La mia competenza naturale è creare e confezionare nuove offerte di prodotti. Quando molti anni fa avevamo la nostra attività di appalti elettrici e meccanici, all'inizio fornivamo solo servizi di appalti elettrici di base. Nel corso del tempo, abbiamo creato nuove offerte di prodotti specialistici, tra cui una divisione antincendio e sicurezza, una divisione elettrodomestici, una divisione dati e telecomunicazioni, una divisione audiovisiva e una divisione automazione domestica intelligente. Questi erano tutti prodotti e servizi che i nostri clienti esistenti stavano già acquistando da altre aziende, quindi fornirli noi stessi significava che siamo diventati lo "sportello unico" per tutto ciò di cui avevano bisogno.

Aumentare i profitti piuttosto che le vendite
- Ridurre i costi generali

- Ridurre i costi di consegna
- Cerca risparmi in termini di efficienza
- Aumenta le conversioni di vendita
- Marketing mirato basato solo sui migliori risultati misurati
- Introdurre o migliorare sistemi
- Esternalizzazione di attività non core
- Concentrarsi solo sulle attività più redditizie (l'80% dei profitti proviene in genere solo dal 20% dei clienti)
- Collabora con altre attività simili
- Aggiungi il 5%-10% ai tuoi prezzi di vendita.

C'è una forte possibilità che alcune attività o offerte di prodotti facciano perdere denaro alla tua attività, o almeno non saranno redditizie come altre aree dell'attività. Il problema è che, senza saperlo, continui a nutrire equamente ogni parte del business.

L'offerta di un prodotto potrebbe richiedere ulteriore reclutamento di personale, quindi alimenti l'investimento per realizzarlo, ma dopo aver analizzato da dove proviene il profitto, scopri che le aree in cui hai investito pesantemente sono a malapena in pareggio.

Utilizzando l'analisi misurata in precedenza, vedrai esattamente da dove provengono i tuoi profitti esistenti, dove puoi modificare le cose e cosa puoi eliminare senza danneggiare la tua attività, migliorando al tempo stesso i margini di profitto. Aumentare i profitti non significa solo aumentare i prezzi. Se riesci a ridurre i costi del 10% e ad aggiungere il 10% al prezzo di vendita, vedrai effettivamente più del 20% di profitto aggiuntivo svolgendo relativamente poco lavoro.

Non aver paura di aggiungere un piccolo aumento di prezzo ai tuoi prezzi di vendita. Il tuo cliente noterà comunque un aumento di prezzo del 5%-10%? Diamo un'occhiata al mio esempio qui sotto per dimostrare cosa intendo.

Pre-crescita

    Saldi $ 100.000

    Costi $ 80.000 (80%)

    Profitto netto $ 20.000 (20%)

Post crescita: aumento del prezzo di vendita del 10%, riduzione dei costi del 10%.

    Saldi $ 110.000

    Costi $ 72.000

    Profitto netto $ 38.000 (34,5%)

Nell'esempio, siamo passati da un utile netto del 20% a un utile netto del 34,5%. In termini reali hai quasi raddoppiato i tuoi profitti.

Acquista un'attività

- Acquistare un concorrente locale
- Acquistare un'attività locale gratuita
- Acquistare un concorrente in un'altra area
- Acquistare un'attività gratuita in un'altra zona

Acquistare un'attività, se fatto correttamente, può essere uno dei modi più semplici e veloci per far crescere la tua attività. Considera che se acquistassi un'attività concorrente, otterresti effettivamente molti più clienti, ma otterresti anche personale e buona volontà accumulata nel corso degli anni. Ridurrai anche il numero di rivali contro cui competi. Esistono vari percorsi per farlo e potresti voler mantenere entrambe le attività operative con marchi separati, magari posizionandone una nella fascia più alta del mercato, mentre l'altra si concentra sull'estremità opposta del mercato.

Con l'acquisto di un'azienda, ci sono rischi a cui prestare attenzione, se questa è la tua strategia, e qualsiasi strategia di acquisizione aziendale dovrebbe essere attentamente considerata per allinearsi ai tuoi obiettivi aziendali.

Un'opzione simile può essere quella di fondersi con un'azienda, dove ritieni che possa essere presente una collaborazione di interessi. Le acquisizioni aziendali sono qualcosa su cui lavoriamo molto e, poiché la generazione del baby boom costituisce il 70% di tutti gli imprenditori, significa che ci sono molte persone che sperano di andare in pensione da qui al 2035.

Acquista un franchising

Acquistare un franchising significa acquistare i diritti per utilizzare il riconoscimento del marchio di qualcun altro, forse anche alcuni clienti, linee di servizio aggiuntive, nicchie di mercato, sistema di consegna del prodotto, ecc. Significa che gestirai effettivamente due attività, con potenzialmente il doppio del marketing costo. Se ci sono dieci operatori nel tuo mercato locale e ne possiedi due, teoricamente hai il doppio del potenziale di crescita di qualsiasi tuo rivale. Un altro motivo per acquistare un franchising è raggiungere un diverso tipo di cliente.

Ad esempio, molte aziende nazionali scelgono di non acquistare da fornitori locali più piccoli, selezionando invece un fornitore con una presenza nazionale. È qui che un'attività in franchising può essere una strategia accorta da scegliere.

Licenza

La licenza significa che una società concede a un'altra società i diritti esclusivi di distribuire il proprio prodotto o servizio all'interno di un territorio geografico stabilito. Questo è molto simile al franchising, tranne che è più comunemente associato a prodotti fisici piuttosto che a servizi.

Ad esempio, se la tua azienda è un rivenditore di elettronica, potrebbe essere disponibile una nuova console per giochi con funzionalità migliori rispetto ad altre console. Diventando il licenziatario di questo prodotto, ottieni i diritti esclusivi per vendere la console di gioco nel tuo negozio al dettaglio. In questo modo, avrai molti più clienti che verranno nel tuo negozio per acquistarlo.

Questo ovviamente ha altri chiari vantaggi. Non solo i clienti acquistano il prodotto da te, aumentando le tue vendite/profitti, ma possono anche acquistare altri articoli da te durante la loro visita. Tieni presente che normalmente ti verrà richiesto di commercializzare il prodotto al pubblico target nella tua zona, quindi esiste un fattore di costo oltre ai costi di licenza.

La licenza può funzionare in diversi modi. Potrebbe essere previsto che tu acquisti un numero minimo di unità dal produttore durante un periodo specificato, ti potrebbe essere richiesto di pagare una tariffa anticipata al produttore o potresti dover pagare una tariffa di licenza continua come una percentuale delle vendite o dei costi per unità venduta. Ho visto molti arrangiamenti in cui è stata utilizzata una combinazione di tutti e tre.

Un esempio di licenza molto più comune di molti Avere probabilmente sperimentato ad un certo punto, è quando acquisti software per il tuo computer.

La società di software in genere creerà il software e poi te lo venderà con una licenza per utente. Questo ènon è una licenza di rivenditore, ma piuttosto una licenza d'uso, ma sostanzialmente funziona allo stesso modo, poiché il licenziante guadagna un reddito da ogni licenza venduta.

Se la tua azienda crea prodotti, la licenza può essere un percorso di crescita. Se i clienti vogliono acquistare il tuo prodotto, sicuramente ti aiuta a finanziare la crescita, poiché la maggior parte dei costi sarà a carico del licenziatario.

Esiste un percorso più semplice per ottenere la licenza, o diventare un licenziatario, che avviene attraverso il network o il marketing multilivello (MLM).

Fondamentalmente è qui che diventi un agente di vendita locale per un grande marchio. Non costa quanto l'acquisto di un franchising e generalmente sei libero di vendere come e quando vuoi. Esistono numerose aziende che lo fanno, ma la maggior parte di esse è specifica per i settori della bellezza, del benessere o dei prodotti per la pulizia. Questi includono marchi come Avon, Kleeneze e Herbalife. A meno che tu non voglia farlo come un'impresa part-time, separata dalla tua attività principale, consiglierei solo di assumere un marchio che integri la tua attività esistente. Se la tua attività è una palestra locale, ad esempio, potresti prendere un prodotto per il benessere che potrebbe integrarlo la tua attività in palestra, ad esempio, magari un integratore alimentare o un programma dietetico.

Per diventare un agente di una società MLM, paghi una tariffa iniziale di base. Questa tariffa include la creazione di prodotti campione, biglietti da visita, un sito Web di vendita, un'uniforme con marchio, formazione, ecc., e poi sei libero di ottenere saldi. Diverse società MLM possono fornire tutto secondo un modello basato su abbonamento, in base al quale si paga una tariffa continuativa ogni mese. Tuttavia, ogni azienda MLM è diversa.

Cosa ci serve?

Sappiamo esattamente cosa abbiamo già. Dalla tua visione e strategia, sappiamo di cosa avrai bisogno in futuro (e, si spera, ad ogni traguardo), quindi ora stiamo confrontando i due e determinando ciò di cui abbiamo bisogno, e quando ne abbiamo bisogno, per realizzare la nostra visione e raggiungere i nostri obiettivi.

Dal mondo della consulenza o del project management, questo processo viene chiamato esecuzione di un'analisi GAP.

Dovremo esaminare le seguenti aree dell'attività:

1. Fai crescere i tuoi canali di vendita
2. Fai crescere la tua squadra
3. Costruisci i tuoi sistemi e processi
4. Finanziamento sicuro

La tua visione dipende da come svilupperai ciascuna di queste aree, ma la tua strategia generale dovrebbe essere quella di svilupparle tutte insieme allineandole sotto un obiettivo o una pietra miliare condivisa. Ad esempio, non avrebbe molto senso commercializzare un servizio all'industria manifatturiera se il personale fosse stato formato per il settore della vendita al dettaglio anziché fornire il servizio all'industria manifatturiera.

Far crescere la tua attività richiede solo concentrazione e perseveranza.

Fai crescere i tuoi canali di vendita

La maggior parte delle persone non capisce cosa siano i canali di vendita. Sono fondamentalmente qualsiasi percorso diretto o indiretto per vendere o fornire qualcosa al cliente.

È qui che molte aziende falliscono. I proprietari a volte credono che ci siano solo uno o due modi per vendere il proprio prodotto/servizio. Se non sei bravo a trovare idee per raggiungere il tuo cliente, assumi qualcuno che sia naturalmente bravo in questo. Questa è un'abilità che mi viene naturale, ho un foglio di calcolo sul mio computer che aggiorno ogni venerdì. Secondo i miei ultimi calcoli, contiene oltre 4.000 idee su strategie di crescita o modi per commercializzare un'azienda.

Esamineremo i modi più comuni per raggiungere il tuo cliente, ma questo elenco non è affatto esaustivo. In effetti, tocca solo i bordi.

- Posta diretta
- Marketing via email
- Sito web
- Sito di e-commerce (il tuo website)
- Piattaforma e-commerce (amazon, ebay, ecc.)
- Sito di confronto prezzi e-commerce (Expedia, Booking.com)
- Podcast
- Banner pubblicitari on-line
- Pubblicità online PPC (pay per click).
- Pubblicità tradizionale
- Partner
- Rivenditori
- Distributori
- Agenti
- Franchising
- Licenziatari
- Gruppi d'acquisto di settore

- Reti di riferimento

Fai crescere la tua squadra

Dalla tua analisi GAP dovresti sapere quali ruoli sono necessari e quali competenze o qualifiche compongono ciascuno di questi. Dopo averli identificati, puoi vedere dove è necessario implementare un piano di formazione per i membri del tuo team.

A questo punto, vorrei sottolineare che se vuoi far crescere la tua attività, vale la pena imparare qualcosa sul diritto del lavoro, nonché sulle normative in materia di salute, sicurezza e welfare nella tua zona. Inoltre, se hai intenzione di espanderti geograficamente, dovrai informarti su questi aspetti per ciascuna area in cui gestisci l'attività poiché le norme e i regolamenti potrebbero essere diversi.

Vale la pena collaborare con un consulente locale delle risorse umane (risorse umane), poiché spesso forniscono vari servizi per aiutare le piccole imprese nel processo di reclutamento.

Questi consulenti possono anche assicurarsi che tu abbia tutte le politiche e le procedure giuste per limitare qualsiasi responsabilità nel caso in cui un dipendente scontento presenti un reclamo contro di te o contro l'azienda.

Alcuni consulenti hanno a disposizione varie polizze assicurative che ridurranno la tua responsabilità nel caso in cui un ricorrente riuscisse a presentare un reclamo contro di te. Nella maggior parte delle cause di lavoro, i tribunali favoriscono il dipendente piuttosto che il datore di lavoro, quindi vale la pena tenere presente che potrebbe essere necessario un piccolo costo aggiuntivo ora per evitare costi molto maggiori in futuro. Nella società odierna della "inseguimento di ambulanze", ci sono molti avvocati disposti a perseguire un reclamo contro di te indipendentemente dalla giustificazione legale, quindi vale la pena ridurre qualsiasi elemento di rischio per te o per l'azienda.

Diamo un'occhiata a come ciascun tipo di personalità gioca un ruolo nella crescita della tua attività. Come ho detto prima, tutti possono ricoprire ciascuno dei ruoli, quindi dichiararli come punti deboli non significa che il tipo di personalità non possa ricoprirli, semplicemente non è il loro ruolo più forte o naturale per adattarsi al loro tipo di personalità.

Per fare un esempio, immagina due giorni separati nella tua vita lavorativa. Un giorno, la giornata potrebbe sembrare andare davvero bene e il tempo passa molto velocemente, sei felice e non ti senti stressato. In un altro giorno il tempo potrebbe passare molto lentamente, potresti guardare l'orologio ogni pochi minuti, desiderando che la giornata finisca. In questo scenario, il primo è perché stai svolgendo attività che si adattano alla tua personalità in modo naturale. In quest'ultimo esempio, è molto probabile che tu stia svolgendo compiti che, sebbene potresti svolgerli bene, non sono naturali per te e spesso possono causare una sensazione di stress o ansia.

La mia forza personale è il profilo Dynamo. Come imparerai, il profilo Dynamo è il migliore nel proporre nuove idee, ma non è molto bravo nell'entrare nei dettagli o nel fare cose come la gestione dei progetti, poiché mentre il lavoro viene portato a termine, i dettagli tendono a sfuggire, poiché il Il profilo Dynamo è un "quadro generale", focalizzato sul futuro. La prima parte della mia carriera l'ho trascorsa nel project management e in ruoli altamente tecnici, ma la mia passione più grande, i momenti in cui mi sentivo davvero vivo, era quando creavo le nuove offerte di prodotti di cui abbiamo parlato prima.

Profilo della dinamo.

Punti di forza:

- Sono altamente creativi e inventano naturalmente nuove idee, nuovi prodotti, invenzioni, progetti e reinventano modi per fare le cose meglio
- Comunicano avendo sempre in mente il "quadro generale". Li conquisterai vendendo loro il quadro generale piuttosto che parlare dei dettagli del progetto o di come lo realizzerai
- Sono i migliori nei ruoli che inventano nuovi modi di fare le cose, magari avviando un nuovo servizio o una nuova linea di prodotti.

Punti deboli:

- Gestire un progetto
- Completare compiti più grandi
- Non gli piace il perfezionismo
- Impazienza, non amano i ritardi
- Sorvolare i dettagli di qualsiasi progetto
- Odiano le chiacchiere
- Soglia bassa della noia

- Non mi piace la ripetizione

Strategia:

- Mettili in ruoli in cui hai bisogno di un nuovo approccio
- Mantienili su nuovi compiti o progetti brevi
- Non incaricarli del controllo qualità
- Se guidi un progetto, assicurati che ci sia qualcuno concentrato sui dettagli dell'attività

Profilo Blaze.

Punti di forza:

- Bravo a costruire relazioni con le persone
- Promozione di un marchio
- Tipicamente molto estroverso

Punti deboli:

- Non bravo nel dettaglio di un compito
- A loro non piacciono le scartoffie

- A loro non piace restare bloccati alla scrivania o in ambienti senza persone
- Può essere visto dagli altri come occasionalmente eccessivamente drammatico nelle situazioni
- A loro piace rendere i compiti semplici molto complessi e generalmente ingrandirli

Strategia:

- Inseriscili in un ruolo di vendita o di contatto con le persone in cui non è richiesta l'attenzione ai dettagli
- Cerca di rimuovere quanta più documentazione possibile da loro
- Se possibile, assumi un assistente che si occupi delle responsabilità burocratiche per loro. Nella scelta di un assistente che li supporti, scegli tra i tipi di profilo Tempo o Steel per completare il profilo Blaze

Tempo Profile.

Punti di forza:

- Bravo nell'esecuzione di compiti pratici
- Mi piace il dettaglio
- Gestione del progetto
- Tempistica
- Andare avanti con il compito

Punti deboli:

- Non sono bravi a creare cose nuove
- A loro non piace il cambiamento; preferiscono la certezza
- Il loro atteggiamento perfezionista fa sì che alcuni compiti non vengano mai portati a termine.

Strategia:

- Questo profilo riguarda il QUANDO: quando accadranno le cose? Questa è la loro forza; usalo come strategia per questo profilo. Se hai bisogno di un compito che abbia un alto livello di dettaglio, dai loro la responsabilità

- Nei progetti, assicurati di avere un profilo Tempo per bilanciare i dettagli e gli elementi temporali con un nuovo approccio alle idee dal profilo Dynamo. Ciò contribuirà anche a portare avanti un'attività, poiché Dynamos spingerà sempre il progetto verso il traguardo senza preoccuparsi troppo del perfezionismo. Bilanciando un profilo altamente perfezionista con un profilo perfezionista zero, puoi ottenere un buon equilibrio.

Profilo in acciaio.

Punti di forza:

- Amano le pratiche burocratiche, i numeri, l'analisi dei dati, le misurazioni e i sistemi
- A loro piace finire i compiti e perfezionare le cose
- Amano i dettagli e hanno bisogno di capire il COME di un progetto
- In genere sono bravi con la gestione finanziaria, la sistematizzazione e l'organizzazione delle cose

- La maggior parte delle persone all'interno di questa categoria risultano avverse alle persone, sono spesso introverse e possono essere viste dagli altri come "geek" e "nerd"; sono spesso entusiasti del lavoro che gli altri spesso considerano noioso
- Sono bravi a fornire analisi e report dettagliati.

Punti deboli:

- A loro non piace il cambiamento; preferiscono la certezza
- Spesso visto come irritata dal "quadro generale", i profili di Dynamo e Blaze, devono capire il dettagli di tutto prima di comprarlo
- Sebbene siano bravi a completare le attività, non sono altrettanto bravi ad avviarne una
- Spesso possono essere socialmente avversi e possono essere fraintesi dagli altri come arroganti, anche se spesso la loro natura introversa significa semplicemente che non sono buoni comunicatori verbali

- Spesso possono impantanarsi nei dettagli e aver bisogno di aiuto per vedere il quadro più ampio.

Strategia:

- Buono in ruoli di tipo back office. Preferiscono spazi tranquilli, spesso lavorano da soli o in gruppi molto piccoli. Il lavoro in ufficio open space non è adatto a loro
- Inseriscili in ruoli di creazione o gestione di sistemi, auditing, gestione finanziaria, stima, gestione del flusso di cassa, gestione di progetti, ruoli basati sull'IT

- Questo profilo si integra perfettamente con il profilo Blaze, poiché sono opposti. Tuttavia, poiché sono opposti, possono tendere a irritarsi a vicenda

Strategia generale.

È meglio avere una squadra composta da almeno un membro per ciascun gruppo. Man mano che la tua azienda cresce, dovrebbe essere composta principalmente da profili TEMPO, che sono gli operatori o le persone che portano a termine il lavoro. Gli altri tipi di profilo supportano i membri del team del profilo Tempo.

Ogni profilo ha bisogno degli altri attorno a sé per garantire il successo di un progetto o di un'attività.

Per farti un esempio, i DYNAMO sono l'inizio del ciclo. Creano e reinventano le cose. Hanno bisogno dei sistemi o dei finanziamenti disponibili per consentirgli di farlo, forniti dal profilo STEEL. Hanno anche bisogno delle relazioni commerciali e umane sviluppate dal profilo BLAZE.

Il profilo BLAZE è il secondo nel ciclo. Le persone con questo profilo costruiscono relazioni e team, promuovono e, in definitiva, "vendono le idee" del profilo DYNAMO. Senza la creazione delle idee, il profilo BLAZE farebbe fatica a fare qualsiasi cosa. Allo stesso modo, il profilo BLAZE necessita del profilo TEMPO doer per avviare le attività e per fornire l'elemento temporale e i dettagli delle attività.

Il profilo TEMPO è il terzo del ciclo. Queste persone si concentrano sui tempi e sui dettagli, sul portare a termine le cose piuttosto che pensarci. Si sentono a disagio nel vendere oggetti e nel costruire relazioni e team; hanno bisogno del profilo BLAZE per aiutarli in questo. Se il prodotto non è stato venduto, non hanno niente da fare. Allo stesso modo hanno bisogno dei sistemi del profilo STEEL per aiutarli a essere pagati per il prodotto e per mantenere le cose semplici. Il profilo STEEL li aiuta a completare il processo.

Il profilo STEEL è il quarto del ciclo. Alle persone con questo profilo piace rendere le cose semplici.

Si concentrano sul rendere le cose complicate il più semplici possibile. Se l'attività non è stata completata dal profilo TEMPO, non è possibile configurare alcun sistema o semplificare il processo. Allo stesso modo, se il profilo DYNAMO non crea o reinventa nuove idee e non integra i sistemi del profilo STEEL, in realtà non c'è motivo per cui il profilo STEEL esista.

Nessun profilo può esistere con successo senza almeno altri due profili, ma se si uniscono, si completano a vicenda e ottengono un enorme successo nel raggiungimento del loro obiettivo comune.

Se stai avviando un progetto, è importante assicurarti di includere almeno tre tipi di profilo all'interno del progetto per assicurarti che abbia un buon equilibrio.

Costruisci i tuoi sistemi e processi

Hai disegnato un organigramma per la tua attività esistente? In caso contrario, fallo ora. Se non sai cos'è un organigramma, pensalo come un albero genealogico o un grafico genealogico. Dopo aver ottenuto un grafico di pre-crescita, disegna un altro nuovo grafico per l'attività che rappresenta la tua visione. Elenca ogni ruolo che avrà luogo nella tua attività tra un anno (o qualunque periodo su cui stai lavorando). È una buona idea farlo per la tua visione di tre anni e per la tua visione di un anno. In questo modo, puoi vedere i ruoli che dovrai ricoprire e quando. Questo processo fa parte dello sviluppo del tuo team. Se hai impostato i tuoi traguardi, puoi creare un grafico separato per ogni traguardo, in modo da poter avere una migliore comprensione di come apparirà l'azienda in ogni fase del suo sviluppo.

Successivamente, per ciascun ruolo, devi scrivere cosa fa ogni persona e quali sono le sue responsabilità. Hai già elencato tutte le attività che si svolgono nella tua attività?

In caso contrario, dovrai lavorarci dopo. Trascorri qualche settimana e segui il processo.

Inizia considerando il ciclo di vita di un cliente, coprendo ciò che fai per identificare un potenziale cliente, marketing, vendite, negoziazione, garanzia di una vendita, firma dei contratti, processo dell'ordine di acquisto, consegna dell'ordine, gestione del controllo qualità, gestione del servizio clienti, fatturazione il contratto, la contabilità finanziaria, i test dei sistemi e la conformità aziendale. Con ogni procedura, ci sarà almeno un documento, modulo, certificato o foglio di lavoro da accompagnare.

Ad esempio, potrebbe trattarsi di un modello di un documento di proposta di vendita o di una lista di controllo per verificare il controllo di qualità. Potresti seguire un membro dello staff in giro e osservarlo mentre svolge i propri compiti con occhi nuovi, quasi come se fosse il tuo primo giorno di lavoro e non sapessi affatto come funzionano le cose. A meno che tu non sia un profilo Steel, potresti preferire affidare questo compito a qualcuno che lo è.

In alternativa, se hai un profilo Blaze, potresti divertirti a mettere tutto in video ed essere il volto dell'azienda. Una strategia è quella di fare in modo che il profilo in acciaio crei il sistema, quindi fare in modo che il profilo blaze lo pubblicizzi allo staff.

Ripensa al tuo primo giorno, quando hai iniziato nel mondo del lavoro. Anche se ora sono i compiti più semplici, potrebbero essere stati piuttosto impegnativi da svolgere il primo giorno. Probabilmente in quel momento volevi rendere felice il tuo capo, ma non sapevi come le piacesse fare le cose. Questa è la tua occasione per indossare di nuovo quei panni del "day one".

Un'altra opportunità potrebbe essere quella di assumere un nuovo membro dello staff. Come parte del processo di formazione con quel membro dello staff potresti seguire quel processo e registrarlo.

Molte aziende che documentano i propri sistemi lo fanno esclusivamente su carta. Anche se penso che sia importante avere una versione scritta dei sistemi, può essere utile anche una versione video. Spesso è più facile per le persone imparare dai video piuttosto che leggerli su carta. E nell'era tecnologica di oggi, i video sono disponibili nelle tasche dei nostri dipendenti, attraverso l'uso dei loro telefoni cellulari e siti di condivisione sociale come YouTube e Vimeo. Tutti hanno accesso alle procedure indipendentemente dalla loro ubicazione.

Avrai comunque bisogno della versione documentata di tutti i moduli o documenti attivi, ma questi sono spesso disponibili tramite cloud e unità o app online.

L'idea di base di questo sistema è che, sebbene il membro dello staff debba già sapere in generale cosa fare, può sempre tornare al documento o al video come riferimento per ottenere il processo assolutamente perfetto. Sistemi e procedure possono essere utilizzati per rendere l'azienda più efficiente.

Come ho detto prima, anche con i sistemi in atto, avrai comunque del personale che non vuole veramente il lavoro. Forse vengono spinti da forze esterne. Non puoi addestrare queste persone a fare cose che non vogliono fare. Potrebbero svolgere il lavoro, ma avranno risultati mediocri e, se impieghi più personale mediocre, anche l'azienda finirà per essere mediocre. Ciò può spesso avere un impatto demoralizzante anche sugli altri membri del personale.

Questo è qualcosa che ho visto quando abbiamo assunto apprendisti nella nostra attività. Per molti, l'individuo è stato costretto a intraprendere un apprendistato dalla famiglia o perché non poteva ottenere l'indennità di disoccupazione governativa. Spesso le famiglie riescono a vedere un particolare lavoro attraverso i propri occhi, anziché vederlo attraverso gli occhi del singolo individuo. *"Fatti uno scambio, le persone avranno sempre bisogno di un elettricista o di un idraulico"* può essere un buon consiglio, e forse è un consiglio che il membro della famiglia vorrebbe aver seguito, ma in un'epoca in cui i bambini crescono con così tanta tecnologia, forse vedono il futuro del mondo in modo molto diverso rispetto alla generazione che li ha preceduti. Mescola questo "lavoro forzato" con un profilo di personalità sbagliato ed è la ricetta per un individuo molto infelice.

Inserendo sistemi e procedure come parte del contratto di lavoro con il personale, questi accettano di lavorare secondo le tue regole. Se scopri che ignorano palesemente le tue regole o fanno le cose a modo loro, può essere utilizzato come motivo adeguato per il licenziamento.

Pensa alle grandi catene di fast food, come McDonalds o Dominos Pizza. Hanno un processo molto specifico seguito per creare il prodotto finale. Vai a Londra, New York, Sydney o Città del Capo e otterrai lo stesso prodotto, con l'aspetto e lo stesso sapore. Se il tuo dipendente non segue il processo, quell'hamburger avrà un aspetto o un sapore molto diverso, quindi all'improvviso inizierà a danneggiare la reputazione della tua azienda. Causare danni alla reputazione aziendale è motivo di licenziamento del dipendente.

Ovviamente è sempre meglio consultare un avvocato del lavoro locale su questo argomento e loro ti aiuteranno a fare le cose nel modo corretto, ma le procedure e i sistemi contribuiscono notevolmente ad aiutare il tuo caso riducendo allo stesso tempo qualsiasi potenziale richiesta di licenziamento illegittimo da parte di un dipendente scontento . Se si crea anche una procedura, lavorando con il proprio consulente delle risorse umane, si eviterà che qualsiasi membro del personale più giovane o inesperto impartisca azioni disciplinari inappropriate ad altro personale, il che lascerebbe l'azienda apertamente aperta a contenziosi.

Finanziamento sicuro

Avrai bisogno di un elemento finanziario per sostenere la tua crescita. Utilizzando i tuoi traguardi come guida, puoi suddividere i costi in ciascuna sezione per identificare quali fondi saranno necessari per gestire il flusso di cassa nell'azienda. Man mano che cresci, assumerai nuovo personale e, per un breve periodo, questo allungherà l'attività fino a quando non avrà la possibilità di recuperare i costi iniziali aggiuntivi.

Potrebbe essere possibile incassare tali spese attraverso i profitti esistenti dell'azienda, presupponendo che l'azienda realizzi già un profitto sufficientemente ampio. Probabilmente ci vorrà molto tempo per far crescere l'attività facendo affidamento esclusivamente su questi fondi.

È importante in questa fase fare una proiezione del flusso di cassa, comprese le proiezioni per qualsiasi attività esistente, e aggiungere a ciò le parti di crescita dell'azienda. In questo modo, vedrai anche la possibilità di destreggiarsi tra le attività per soddisfare il flusso di cassa ed evitare che l'azienda si trovi in difficoltà finanziarie.

Quali sono quindi le opzioni per finanziare l'impresa?
   a. Investimento equo
   b. Debito
   c. Riserve
   d. Fondi degli azionisti

e. Investimento condiviso
f. Sovvenzioni

Esamineremo ciascuna delle opzioni in ordine.

Investimento equo

Portare nuovi azionisti può essere una buona idea per un'azienda in crescita. A seconda dell'investitore, può anche aprire nuove opportunità per l'azienda in termini di apertura delle porte anche a nuovi clienti. Tuttavia, lo svantaggio è che molti investitori vorranno una partecipazione azionaria nella tua attività, con alcuni investitori che cercano di prendere fino all'80% dell'attività totale in cambio del loro capitale. Se l'impresa è avviata e ha già buoni rendimenti, è possibile negoziare un livello di capitale ridotto.

Come valorizzare la tua azienda per investimenti

La cosa importante da ricordare quando si valuta un'azienda è non essere avidi. Non stai dando all'azienda un *in vendita* valutazione; il valore dell'investimento è generalmente inferiore a a *in vendita* valutazione.

Qualsiasi investimento verrà effettuato allo scopo di far crescere l'azienda, il che significa che tutti ne trarranno vantaggio. Senza tale investimento, l'azienda probabilmente non crescerà e, in realtà, non avrà lo stesso valore di un investimento garantito.

Il 98,7% delle piccole imprese pubblicizzate sul mercato delle vendite non realizzano una vendita! La ragione principale di ciò è la loro dimensione rispetto alla loro valutazione. Questo perché molte piccole imprese sono gestite quotidianamente dai proprietari e per qualsiasi acquirente proprietario ciò comporta un grande rischio; molti membri del personale e dei clienti rimangono in un'azienda a causa del proprietario. Spesso, quando una piccola impresa viene venduta o una figura senior dell'azienda lascia l'azienda, nel giro di pochi mesi se ne vanno anche un certo numero di altri dipendenti e/o clienti.

Se prevedi di vendere la tua attività in futuro, ti consiglio di farla crescere in modo significativo prima. Per fare ciò, è necessario un investimento e sono necessarie la conoscenza e l'esperienza per raggiungere tale crescita. Idealmente, si desidera che l'azienda effettui vendite entro una scala da sette a otto cifre per ottenere un buon prezzo di vendita. Ci sono anche altre cose da considerare, ma per il momento il tuo focus dovrebbe essere sulla crescita piuttosto che sulla vendita della tua attività.

Valorizziamo la tua attività per investimenti.

- Per dare una valutazione dell'investimento all'azienda, guarda l'EBITDA medio (Utili prima di interessi, imposte, svalutazioni e ammortamenti) cifra degli ultimi tre anni
- Sostituisci il tuo stipendio con lo stipendio equivalente di mercato per il ruolo che svolgi. Molti imprenditori si pagano uno stipendio molto basso, quindi così facendo si ottiene un quadro più giusto dell'azienda. Questo è chiamato EBITDA rettificato
- Moltiplicare questa E media rettificataIN UNO numero per due. Questo è chiamato multiplo e per le piccole imprese generalmente varia da uno a tre
- Questo ti dà una stima approssimativa del valore della tua attività quando si tratta di garantire gli investimenti. Se la tua azienda ha grandi debiti o è in difficoltà, ciò influirà anche sul valore dell'azienda

Ecco un esempio.

EBITDA:	$ 100.000
Il tuo stipendio:	-$ 10.000
Stipendio del mercato sostitutivo:	+$70.000
EBITDA rettificato:	$ 40.000
Valutazione aziendale:	$ 80.000
	($ 40.000 x 2)

A questo punto, vorrei sottolineare che in alcuni settori esistono diversi multipli utilizzati allo scopo di valutare un'azienda. Ne ho usati tre, poiché è piuttosto nella media per la maggior parte dei settori in cui sono stato coinvolto.

Tutto dipende davvero da quanto un investitore apprezza la tua attività e dalla rapidità con cui ha bisogno di vedere un ritorno sul proprio investimento. Se operi nel settore tecnologico, manifatturiero o immobiliare, questa valutazione può essere molto diversa. Tuttavia, le piccole imprese in generale possono essere valutate a un multiplo di due, poiché la maggior parte degli investitori desidera recuperare i propri soldi entro un periodo di due o tre anni, con qualsiasi tempo aggiuntivo dedicato a fornire loro un profitto.

Quando consideri questo percorso, dovresti anche considerare di registrare l'investimento aziendale nell'ambito di qualsiasi programma di investimento sostenuto dal governo. Ciò ridurrà qualsiasi responsabilità per gli investitori quando escono dall'attività e potrebbe attirare ulteriori tipi di investitori nella tua attività.

Questi tipi di schemi ridurranno le plusvalenze pagabili quando usciranno dall'attività in futuro. Sono buoni motivatori per garantire investitori per la tua attività.

Un avvertimento se stai cercando investimenti azionari. Ho visto molti esempi in cui una piccola impresa ha effettuato un investimento azionario ed è rimasta delusa dopo tre anni. Questo investitore sarà il tuo partner nel business. Se stai cercando solo soldi, ti consiglio che ci sono opzioni migliori a tua disposizione.

Quando consideri questo percorso, dovresti considerare ciò di cui hai veramente bisogno. L'investitore dovrebbe avere esperienza nel realizzare ciò che si desidera ottenere. Vedo così tante persone al giorno d'oggi che si definiscono Angel Investor, che non hanno alcuna esperienza di business.

Hanno semplicemente incassato la pensione o venduto un investimento immobiliare e ora investono parte del loro denaro in piccole imprese.

Altre volte, anche se non hanno esperienza commerciale, cercheranno di farsi coinvolgere nel modo in cui viene gestita l'azienda, dicendo agli imprenditori su cosa dovrebbero concentrarsi.

Se credi che avere un "investitore silenzioso" sia una buona cosa, ripensaci. Se ritieni che avere qualcuno (senza esperienza) coinvolto nell'attività sia una buona cosa, finirai per sentirti molto frustrato e, parlando con molte persone in questa situazione, desidererai di non aver mai nemmeno iniziato il processo.

La mia esperienza personale è stata quella di ottenere una rapida crescita all'interno di un tipo e di una dimensione di business molto specifici.

Non lavoro con start-up e raramente lavoro con aziende con vendite superiori a 30 milioni di dollari. È il punto debole tra i due livelli: piccole imprese affermate, impiegano almeno tre dipendenti ma hanno una comprovata domanda dei clienti e sono esperti nella consegna.

Questo perché so a chi posso aggiungere più valore nel più breve tempo possibile, e questo è ciò che è importante per me. Mi coinvolgo nell'attività, ma solo nelle aree in cui siamo forti, come costruire una solida base pronta per la crescita, riprogettare il modello di business, cercare nuove strategie per crescere, trovare modi per aumentare i profitti, sviluppare nuovi prodotti offerte, costruire partnership strategiche, mettere le persone giuste al posto giusto, costruire un team di gestione, acquisire attività "bolt-on" e, in generale, lavorare su attività strategiche di alto livello. Oltre a fungere da mentore e coach per il team di gestione, non sono coinvolto nella gestione quotidiana dell'azienda.

Debito

Il debito lo è un investimento o un impegno da parte tua a restituire i soldi al creditore. A meno che tu non sia sicuro delle proiezioni pianificate e non possa quasi garantire di avere i soldi per ripagare il debito ogni mese, non sarebbe consigliabile farlo. Il finanziamento del debito è utile solo come strumento per supportare il flusso di cassa, come un prestito, uno scoperto o un finanziamento tramite fattura.

A mio parere, non è un buon strumento come mezzo per finanziare progetti di crescita incerti perché non si può essere sicuri del risultato del progetto di crescita. Devi anche effettuare quel rimborso ogni mese. È tuttavia possibile richiedere la parte degli interessi del debito come spesa per l'azienda e ridurre l'onere fiscale aziendale. Assumendosi un debito con l'azienda, ciò influirà sul valore dell'azienda, oltre a causare potenzialmente problemi con i tuoi finanziatori se superi i loro rapporti di prestito, il che a volte può significare che i prestiti vengono richiesti con breve preavviso, il che in pratica significa che tu devi rimborsare il prestito entro pochi giorni o rischi di perdere la casa.

La capacità di garantire un prestito in questa forma dipenderà dal prestatore, insieme al bilancio aziendale e agli indici finanziari come discusso sopra. Il creditore chiederà spesso agli azionisti di abbinare i fondi del prestito con investimenti di capitale o con qualche tipo di titolo di proprietà, come la loro casa o altri beni personali.

Se scegli la strada del finanziamento tramite debito e i tuoi piani di crescita non sono certi, ciò potrebbe significare la fine dell'attività e un disastro finanziario personale per te e per tutti gli altri azionisti se non riesci a far fronte ai rimborsi. A differenza del percorso di investimento azionario, la maggior parte dei finanziatori di debito non sarà interessata a fare presentazioni ai potenziali clienti.

Riserve

Se hai delle riserve nel business, forse è giunto il momento di usarle. Tuttavia, consiglierei sempre all'imprenditore di utilizzare solo una parte delle proprie riserve di liquidità, poiché è comunque necessaria una rete di sicurezza nel caso in cui le cose andassero male.

Fondi degli azionisti

Se l'azienda ha già diversi azionisti, potrebbe valere la pena considerare che ciascuno investa il denaro da solo.

Ciò verrebbe normalmente fatto in base a una percentuale di proprietà. Ad esempio, se un azionista possiede il 3% del capitale, effettuerà il 3% dell'investimento richiesto, altrimenti dovrà affrontare la diluizione della sua partecipazione esistente.

Investimento condiviso

Un'altra opzione è quella di creare un pool di investimenti, in cui ogni membro del personale effettua un investimento azionario. Questo potrebbe essere agli stessi livelli di capitale indicati nella sezione sugli investimenti azionari, ma invece di offrirlo a un singolo investitore, è offerto a più individui o a un'entità legale costituita ai fini della proprietà congiunta. Se crescessi per fasi, potresti utilizzare questo modello di investimento per far crescere l'attività in fasi. Questo è normalmente chiamato "ciclo di finanziamento" ed è più spesso visto nelle aziende tecnologiche start-up.

Un'area di preoccupazione per i fondatori e gli investitori in fase iniziale con questo percorso è che la loro partecipazione azionaria viene diluita così tanto con ogni round di finanziamento, che dopo alcuni anni di intensa crescita dell'attività non possiedono più nessuna parte dell'azienda.

Questa opzione è ottima per ottenere il buy-in dell'azienda, difficilmente sarà d'aiuto in termini di ciò che altri investitori professionali potrebbero fare per l'azienda, sia in termini di esperienza che di presentazioni.

C'è un ulteriore punto da considerare qui. Se un azionista possiede una quota pari o superiore al 15%, ha automaticamente un diritto di voto. Consideriamo che il personale formi una persona giuridica in comproprietà e che questa persona giuridica possieda il 16% del capitale dell'azienda. Avrebbero avuto voce in capitolo su come veniva gestita l'attività. Tuttavia, se a ciascun individuo viene concesso un capitale per un piccolo investimento, il capitale potrebbe essere inferiore all'1% per membro del personale. Ottieni i soldi e mantieni anche il controllo completo dell'attività.

In questi casi, è necessario stabilire regole chiare relative all'investimento (ad esempio, cosa succede all'investimento di un membro del personale quando lascia l'azienda).

Inoltre, non vorrai che un membro dello staff che possiede lo 0,3% dell'azienda pensi improvvisamente di poter arrivare tardi al lavoro, o pensi di poter offrire i servizi dell'azienda ai suoi amici a tariffe vantaggiose, solo perché *Proprio* Esso. A volte una situazione può fare cose divertenti alle persone.

Tieni presente che esistono regole molto rigide su come puoi o meno offrire un'opportunità di investimento, sia ai dipendenti che al pubblico in generale, e dovresti cercare consulenza e supporto legale nella tua zona, prima di iniziare questo processo, altrimenti potresti rischi una pena detentiva se sbagli.

Sovvenzioni

Ci sono numerose sovvenzioni disponibili. Questi si basano normalmente su industrie in crescita o sull'occupazione di persone.

Questi cambiano continuamente, ma la maggior parte delle volte è necessario spendere i soldi prima di riceverli indietro come sovvenzione. In molte occasioni, non è necessario aver già aderito al progetto, né aver speso i soldi prima di presentare la domanda. Questo processo può richiedere molto tempo e può richiedere notevoli risorse per presentare la domanda.

Assicurati che il premio di sovvenzione valga il tempo necessario per metterlo insieme. In precedenza ho trascorso circa 300 ore a scrivere una domanda di sovvenzione, solo per vederla respinta su un punto minore. Vale la pena tenere presente che, dopotutto, potresti non ottenerlo. Non basare tutto il tuo successo aziendale sull'ottenimento di una sovvenzione.

La cosa migliore da fare è cercare su Internet le sovvenzioni disponibili nella tua zona o nel tuo settore.

In alternativa, potresti chiedere aiuto alla tua associazione di categoria o alla camera di commercio locale se sei membro. Potrebbero essere in grado di indicarti la giusta direzione.

Qualunque opzione tu scelga per finanziare la tua attività, dovrebbe essere presa con molta pianificazione preventiva. Potresti voler eseguire le diverse opzioni su un foglio di calcolo, come se si verificassero in tempo reale. Consideralo in termini di cifre di vendita, costi, ma anche di bilancio. Immagina uno scenario in cui prendi un prestito ma poi hai bisogno di fondi aggiuntivi in seguito.

Come sarà il tuo bilancio a questa data futura e sarai in grado di garantire finanziamenti adeguati in base alla tua nuova posizione? Quando esegui i numeri, aggiungi alcuni scenari preoccupanti, immaginiamo di avere alcuni debitori inesigibili. Analizzando i numeri in questo modo, si spera che sarai in grado di comprendere gli scenari che potrebbero verificarsi e pianificare la tua strategia di crescita attorno ad essi.

Conclusione

Speriamo che questo libro ti abbia fornito alcune informazioni su alcune strategie comprovate per far crescere la tua attività. La migliore strategia è pianificare in anticipo prima di fare qualsiasi altra cosa. Se riesci a concentrarti su dove sei adesso, quindi costruisci un percorso e seguilo, alla fine finirai dove vuoi essere.

Ovviamente potresti incontrare ostacoli lungo il percorso, come sono sicuro che li hai già affrontati, ma se le cose fossero facili allora tutti le farebbero. Potrebbe essere necessario cambiare il tuo approccio, ma finché mantieni il tuo obiettivo finale in vista e lavori sempre per raggiungerlo, i percorsi effettivi che segui per arrivarci non sono così importanti. Alla fine ci arriverai.

La crescita del business non si riduce solo al denaro. Se un'azienda riceve investimenti, non garantisce che andrà alla grande. Sapevi che il 99,7% delle imprese sostenute da investitori in capitale di rischio non riescono nemmeno a superare i due anni, quindi basare un'ipotesi di crescita sull'avere i soldi è semplicemente una sciocchezza.

Avere il team giusto, insieme alla giusta strategia, è ciò che alla fine rende l'azienda un successo.

Circa l'autore

Wayne Fox è un rilanciatore di affari, un rivoluzionario del settore, sviluppatore di proprietà commerciali, futurista, autore di best-seller e investitore. Direttore del gruppo Enyaw, società di investimento con sede nel Regno Unito che investe in *'stile di vita libero'* iniziative. Ha esperienza nel raggiungimento di una crescita dei ricavi a 7 e 8 cifre in precedenti iniziative di PMI.

I miei link online:

Sito web di Wayne Fox: www.wayne-fox.co.uk

Gruppo Enyaw: www.enyawgroup.com

Capitale Enyaw: www.enyawcapital.com

Proprietà Enyaw: www.enyawproperty.co.uk

Linkedin:https://www.linkedin.com/in/waynefoxuk

Twitter: https://twitter.com/WayneFoxUK1

Instagram:https://www.instagram.com/waynefoxuk

Youtube:https://www.youtube.com/@WayneFoxUK

Udemy:https://www.udemy.com/user/wayne-fox-6

www.ingramcontent.com/pod-product-compliance
Lightning Source LLC
Chambersburg PA
CBHW070259230526
45470CB00002B/641